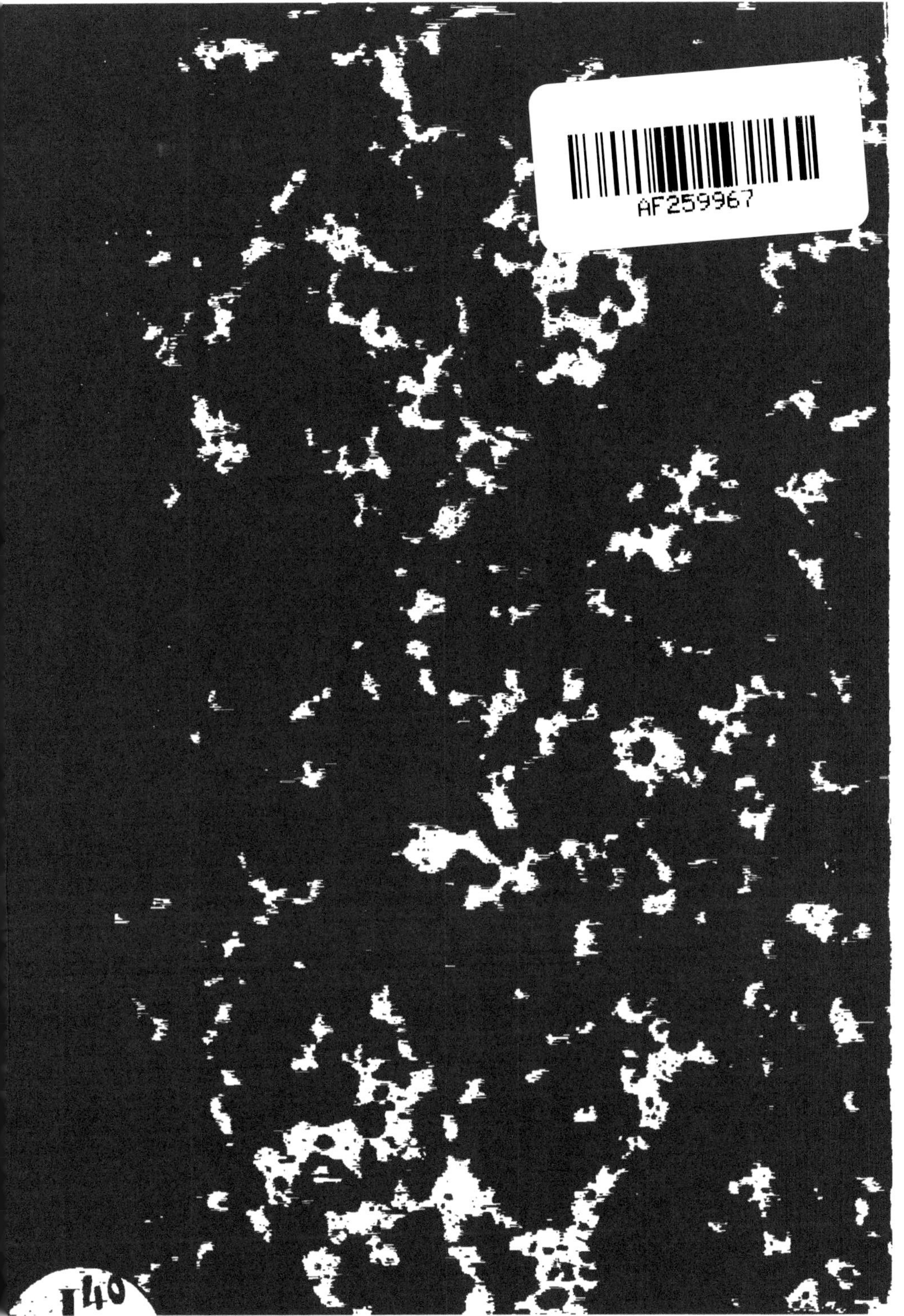

AF259967

SOCIÉTÉ

DES AMIS DE LA CONSTITUTION,

SÉANTE AUX JACOBINS, A PARIS.

DISCOURS

DE CAMILLE DESMOULINS, NOTABLE,

Au Conseil général de la Commune, dans la séance du 24 juillet, l'an 4 de la liberté;

SUR LA SITUATION DE LA CAPITALE.

IMPRIMÉ PAR ORDRE DE LA SOCIÉTÉ.

C'EST le conseil commun de la ville de Londres, le conseil général de la commune, qui a fait, autant et plus que le parlement, la plupart des révolutions et contre-révolutions d'Angleterre, où

A

le maire de Londres a toujours eu le principal rôle. C'est de vous aussi, messieurs, après l'assemblée nationale, qu'il dépend le plus de sauver Paris.

De tout temps la politique a senti qu'une ville immense étoit bien dangereuse au despotisme. On connoît la réponse du Czar Pierre au régent qui lui demandoit, s'il n'admiroit pas la grandeur de Paris : *Si j'avois une si grande ville, mon premier soin seroit de la rendre plus petite de moitié.* Les rois n'ont pas abattu la moitié de Paris; mais, pour diminuer le danger d'une *si* grande population, ils ont eu recours à un moyen fort adroit, qui a été de lier la fortune publique à la prospérité et à la tranquillité du tyran. C'est une profonde politique, autant que les besoins du luxe et les dépenses effrénées de la cour, qui a inventé ces emprunts multipliés et infinis, par l'avantage desquels, alléchant également la richesse et la pauvreté, le maître et le domestique, la jeunesse oisive et la vieillesse invalide, les despotes ont eu l'art d'hypothéquer la fortune publique sur leur propre conservation, et, en se faisant de tous les citoyens autant de créanciers, les ont mis dans la nécessité de soutenir le crédit de leur débiteur, pour n'être pas ruinés ensemble. C'est ainsi que de nos jours nous avons vu Potemkin se maintenir toute sa vie dans un crédit inébranlable, et se frayer un chemin au trône de la Chersonèse, parce qu'il avoit eu l'art d'emprunter de l'argent aux trois quarts de la Russie. C'est ainsi que Jules-César, dit Plutarque, voulant être grand pontife, imagina d'emprunter de tous côtés des sommes énormes; ce qui lui acquit tous les suffrages, des pauvres, parce qu'il les avoit achetés, des riches, parce qu'ils

avoient peur de n'être jamais payés. Aussi disoit-il
à sa mère, le jour de l'élection : « Ce soir vous
« me verrez grand pontife ou banqueroutier ».
C'est ainsi que, lorsqu'il a été question d'envoyer
à Orléans M. Lafayette, il falloit voir à la porte
de l'assemblée nationale comment la frayeur
avoit décomposé le visage d'un certain notaire,
qui, tout glorieux d'avoir donné la main à madame Lafayette, à une bénédiction de drapeaux,
n'avoit pu refuser depuis aucune somme, tant
forte fût-elle, que le héros des deux mondes lui
avoit demandée, et qui trembloit d'être ruiné.
C'étoit une chose curieuse pour un observateur,
de voir comment le notaire Brichard s'intéressoit
au général, son débiteur ; comme il s'écrioit :

Dans les murs, hors des murs, tout parle de sa gloire !

C'est-là aussi, n'en doutons point, ce qui a si
fort infecté Paris de royalisme. La division de la
France en quatre-vingt-trois départemens, et une
constitution dont les bases sont toutes républi-
caines, laissant entrevoir dans le lointain une
confédération possible des départemens entr'eux,
un démembrement possible de l'empire, et ces
grands desséchemens de l'impôt, n'a pu qu'alar-
mer une capitale toute peuplée de rentiers, qui
n'existent que par l'impôt, et de détailleurs dont
le commerce ne peut se soutenir qu'autant que
Paris reste le centre de tous les arts, le rendez-
vous de tous les riches, et la capitale de l'empire ; et comme ils n'ont vu d'autre ciment politique entre les quatre-vingt-trois départemens
que la royauté, tous les riches, tous les boutiquiers ont cru qu'ils devoient s'apqliquer à for-
tifier ce lien, afin de resserrer plus étroitement

toutes les parties de la monarchie, et que cette indissolubilité garantit leur fortune.

Voilà comment les riches, les marchands, les rentiers, qui, par-tout pays, ne sont ni patriotes ni aristocrates, mais seulement propriétaires boutiquiers, rentiers; après avoir fait, en 1789, la révolution, avec le peuple, contre le roi, pour se soustraire à la banqueroute et au brigandage de la cour, voudroient faire aujourd'hui la contre-révolution avec le roi, contre le peuple, pour échapper à un pillage imaginaire des *sans-culottes*. On les a si fort épouvantés de la chimère d'une loi agraire, on leur a tant parlé des Jacobins comme de brigands, que les notaires de Paris ont plus de peur des clubs que des Hulans et des Tyroliens.

C'est à ces riches, à ces marchands et à ces rentiers que je vais d'abord exposer en deux mots la situation de la capitale, parler le langage de leur intérêt et de leurs passions, et leur faire concevoir, à la place de leurs frayeurs ridicules, les véritables dangers de Paris et de leurs propriétés. Ils verront que, par les mêmes mesures dont ils se sont avisés pour prévenir la perte de leur fortune, dans la dissolution de l'empire, ils n'ont fait que rendre cette perte et cette dissolution inévitable, et que Paris n'a pas quinze jours à délibérer, s'il veut se sauver d'une ruine entière.

Il étoit facile à la capitale, comme je l'ai montré il y a quatre ans, de s'élever, par la constitution françoise, par l'admiration de nos lois et leur adoption, à ce même degré de splendeur et de prospérité où se sont élevées quelques villes anciennes, par la navigation, le commerce et les conquêtes. Oui, messieurs, aujourd'hui les richesses descendroient an sein de Paris , non pas seulement des sources du Var et de la Sambre, mais de l'Elbe et du Tage ; richesses d'autant plus honorables pour la capitale , qu'elles ne lui parviendroient point mêlées du sang des peuples , qu'elle eut dominé par la législation , par la philosophie et l'aristocratie des lumières , et des bienfaits qu'elle eût procurés au monde. Rappelez-vous les plus beaux jours de Rome et de Carthage, de Tyr et d'Athènes : tel seroit l'état florissant de la capitale, si on n'eût pas repoussé, il y a deux ans, l'alliance des Belges et des Liégeois ; si les patriotes ne s'étoient pas laissé jetter sans cesse, depuis trois ans, par des guides perfides ou aveugles, dans des routes toutes plus funestes les unes que les autres ; si on n'eût pas négligé nos discours, qu'on appeloit incendiaires , et que les événemens ont prouvé n'être tons que prophétiques ; si on n'eût pas pris soin de diffamer notre constitution chez l'étranger , par le désastre de nos colonies, par les flammes de Courtray, par la loi martiale et par nos discordes , en faisant de notre alliance et de nos conquêtes une calamité pour les Avignonois et les Belges, et en chargeant les patriotes de l'exécration de tous les crimes du pouvoir exécutif et des conspirateurs adroits qui les commettoient à dessein et exprès , pour le plaisir de les imputer au peuple.

Quatre ans de trahisons ont bien changé la face des affaires du parti de la liberté. Cependant, n'aguères, les politiques du conseil des despotes sentoient bien encore combien il seroit difficile de nous remettre sous le joug ; ils sentoient bien qu'une nation qui venoit de ressusciter aux droits de l'homme , et de se rajeunir au premier âge des sociétés politiques, ne vieilliroit pas ainsi tout-à coup de quatre mille ans. Aussi c'est en-vain que les émigrés, les Tuilleries et même les nobles de l'assemblée constituante, désespérés de ce que la prise de la Bastille les avoit forcés, dans le passage de l'ancien régime au nouveau, de faire une enjambée sur la chambre haute, et de proclamer l'égalité, ne cessoient d'appeler les tyrans de l'Europe. Ceux qui ont des nou-velles sûres de Coblentz, savent quelle déso-lation s'y peignoit, il y a quatre mois, dans l'allongement de tous les visages. Les prières, les supplications de nos aristocrates du dedans et du dehors, n'avoient pu déterminer les puis-sances à commencer une guerre contre le peuple françois. Il est notoire que les émigrés alloient périr de misère, qu'ils étoient furieux de se voir ainsi abandonnés, qu'ils ne voyoient de res-sources que de venir chercher la mort en déses-pérés au milieu de nos batteries, quand notre pouvoir exécutif, aussi adroit que perfide, afin de forcer les tyrans à venir au secours de ses frères et des émigrés, nous a fait déclarer la guerre au roi de Hongrie. J'en atteste ici l'opi-nion pour la guerre offensive, du général La-fayette, lui qui, lorsqu'il l'a eu fait déclarer, n'a jamais voulu seulement mettre le pied sur le ter-ritoire autrichien ; du moins est-il prouvé, par les dépositions du comité des Belges et les dé-nonciations de Rutteau, qu'il n'a tenu qu'à lui de prendre Namur, et de s'emparer de tout le Brabant, et que la maison d'Autriche vient de devoir une seconde fois à ce traître la conserva-tion et l'asservissement des Pays-Bas.

Afin de déterminer encore plus les rois à re-nouer leur projet de ligue, qui étoit abandonné

depuis le 21 juin 1791 , voici les illusions chimé-
riques dont le comité autrichien a bercé les despotes , dont Louis XVI s'est repu , dont sa cour
de feuillans a cherché à nous endormir , et dont
elle s'est endormie elle-même. Voici ce qu'ils ont
dit aux rois de Hongrie et de Prusse , et ce ne sont
point ici de vaines conjectures ; les faits parlent ,
et je suis aussi certain de ce que j'avance , que si
j'avois assisté au traité secret des despotes. Voici
ce qui a d'abord été convenu.

« Vous déploierez sur les bords du Rhin le plus
de forces que vous pourrez , afin que la terreur de
vos armes et la disproportion des armées fran-
çoises que vous aurez en tête , dispose à écouter
les propositions d'accommodement. En même
temps , vous ferez à la France les offres les plus
séduisantes , comme de verser un milliard en nu-
méraire dans son trésor plein de papier , et d'en-
sevelir tout le passé dans une amnistie. Vous ne
demanderez pas d'abord de châtrer la liberté , mais
seulement de la circonscire légèrement. Les rentiers seront éblouis des espèces sonnantes ; les
Feuillans seront ébahis de tant de modération ;
les sots croiront aux promesses des rois ; les pouvoirs constitués seront vendus ; le peuple sera
lassé d'une révolution où il n'a vu qu'un déplace-
ment de l'aristocratie et un déménagement de l'orgueil des donjons dans les boutiques , d'une révolution qui n'en a pas été une pour le peuple qui
l'a faite , et où , lorsqu'auparavant il étoit nul
dans l'état, et couché sur le lit de pierre de l'indi-
gence, les prétendus médecins du peuple n'ont
fait que le retourner d'un autre côté sur les mêmes
cailloux , et le retrancher également du corps
social. Dans cette disposition des esprits , la coalition armée du despotisme et de l'aristocratie ne

rencontrera d'obstacles que dans les Jacobins. Mais alors le manifeste ne déclare la guerre qu'aux seuls Jacobins. On ne tue, on ne pille qu'eux. On ne pend que les muuicipaux, comme à Quevrain, à Orchies. On ne fusille que les gardes nationales, sur lesquels seuls le feu des ennemis est toujours tombé dans toutes les rencontres. C'est ici une guerre du peuple françois contre les rois, et le peuple françois a un roi pour chef suprême de ses armées. C'est une guerre des plébéiens contre les patriciens, et les armées plébéiennes ne sont commandées que par des patriciens. Les papistes fanatiques se révoltent dans la Bretagne, le Vivarais et le Languedoc. Les commandans de places, en Alsace, en Flandres, en Lorraine et en Picardie, ouvrent leurs portes. Le roi et les ministres, les généraux et les états-majors, les robins, prêtres et juges. trahissent. Les aristocrates royalistes et feuillans vont au devant des Autrichiens. Le désarmement successif s'opère dans les 48 mille municipalités, depuis les sources de l'Oise jusqu'aux bouches du Rhône ; et dans la cause de Louis XVI, triomphe la cause commune de tous les rois ».

C'est sur ces assurances qui les y attiroient depuis long-temps, et d'après la déclaration de guerre qui les y a forcés, que se sont avancées contre nous les armées combinées des rois. Il n'est personne qui ne sente que toutes ces mesures, concertées entre les ennemis du dedans et ceux du dehors, sont déjà rompues, par le fait, en mille manières. Les adresses qui pleuvent de toute part à l'assemblée nationale ; l'affluence des fédérés ; l'attitude du peuple françois, je dirai presque l'affiliation aux Jacobins de la nation toute entière ; la désertion des généraux traîtres ; les démissions des directoires conspirateurs ; la discussion si on décrétera Lafayette, discussion qui, par cela seul qu'elle est ouverte dans l'assemblée nationale, prouve qu'il a perdu la confiance de la nation et de l'armée, qu'il ne peut plus servir la coalition des despotes, et qu'il ne lui reste plus que la retraite de Coblentz, les invalides de nos généraux et de nos ministres conspirateurs, et où déjà madame Lafayette, sa fille et son fils l'ont précédé et l'attendent ; enfin l'impression profonde que vous avez faite hier par la solemnité de la proclamation ; (car quel est le citoyen qui n'a pas été ému ? quel est le cœur encore françois qui n'a pas tressailli des dangers de la patrie ?) le grand nombre d'enrôlemens, qui seront mille fois plus nombreux encore quand nous n'aurons plus de traitres pour généraux ; tout démontre aux tyrans la fausseté des calculs du despotisme et de l'aristocratie coalisée.

Mais quoi ! les rois de Prusse et l'Empereur rebrousseront-ils chemin, après avoir épuisé leurs états d'hommes et d'argent ? Retourneront-ils à Vienne et à Berlin, montrer à leurs peuples asservis, par l'exemple d'un armement si inutile et si dispendieux, qu'il ne tient qu'à eux d'en faire autant que les François, et que la ligue de tous les rois ne peut rien contre un seul peuple qui veut être libre ? La supposition est absurde. Ils vont donc pousser leur pointe ; et comme leur traité secret avec Louis XVI et sa cour de Feuillans sera rompu par l'inexécution en mille manières, les rois de Hongrie et de Prusse profiteront, pour leur compte, de la trahison de nos chefs, s'indemniseront à qui mieux mieux des frais de la guerre, et pousseront leurs conquêtes, facilitées et préparées par la perfidie des généraux et commandans, par les mauvaises dispositions du pouvoir exécutif, et par la supériorité du nombre. Aussi bien, qu'importe à ces nobles, à ces prêtres le démembrement de la France, pourvu que la dîme, que le fief ne soient pas démembrés? N'entendons-nous pas tous les jours dans les sociétés, dans les spectacles, dans les journaux ce vœu impie, *Que l'étranger l'emporte, et plutôt les Autrichiens que les Jacobins!* c'est-à-dire, en d'autres termes, plutôt les tyrans que la liberté! vœu exécrable, et dont la seule émission mérite la mort; et l'eut donnée sur le champ dans Rome, dans Athènes et chez tout autre peuple que nous, en qui souffrir, depuis quatre ans, des propos et des écrits si criminels, n'est pas clémence, mais démence, si nous voulons, je ne dis pas être libres, mais n'être pas décimés. Il est donc évident que les étrangers, appelés ainsi à grands cris par une partie de la nation, vont pénétrer er s'établir le plus avant qu'ils pourront en Flandre, en Lorraine, en Alsace, en Picardie; et dans trois mois, voilà l'empire démembré à demi de toute la partie du nord.

C'est à ce moment et dès les premiers progrès des armes autrichiennes, que la position de Paris devient tout à coup critique et désespérante. C'est à ce moment où le nord commence à devenir le butin des Prussiens et des Autrichiens, qu'il va s'élever de toute part un cri général contre Paris. Voici les discours que tous les départemens ne manqueront pas de nous adresser, et qu'ils auront droit de nous adresser : « C'est vous, diront-ils, aveugles Parisiens, ce sont vos boutiquiers, vos épauletiers, vos rentiers, qui sont coupables de tous les maux qui désolent la France; c'est vous qui, en élevant jusqu'aux nues la réputation de

patriotisme des plus grands ennemis de la patrie ;
vous qui, en décernant des fêtes funèbres à des
parricides, des couronnes civiques à Bouillé, des
statues à vos Arnold, n'avez cessé d'égarer l'opinion publique et de détourner la confiance de des-
sus les vrais amis du peuple ; c'est vous qui, en-
censant les plus méprisables idoles, avez rempli
l'assemblée nationale, les états-majors, les directoires, les tribunaux et l'ancienne municipalité
d'intrigans et d'alliés de Coblentz ; c'est vous qui
avez souffert et protégé au milieu de vous ces nombreux volcans de poisons, toutes ces presses con-
trerévolutionnaires qui ont vomi sur la France
l'Ami du Roi, la Gazette de Paris, la Gazette
universelle, Gaulthier, Royou, Fontenai, et tant
d'autres qui ont infecté les villes et les campagnes,
qui n'ont cessé de diffamer la révolution aux yeux
de l'Europe, et de représenter les patriotes comme
des brigands, dignes de mille morts. Quelle nation,
quelle ville insensée souffrit jamais au milieu de
son sein que des conspirateurs, pendant quatre
ans, invitassent tous les jours les ennemis à venir
la déchirer ? C'est vous qui, en même temps, avez
calomnié, persécuté, décrété tous les meilleurs
citoyens, ceux dont les événemens justifient aujourd'hui toutes les prédictions ; c'est vous qui
avez forcé à fuir de souterrain en souterrain ceux
qui vous ont dit le plus de vérités ; c'est vous qui
donniez des sentinelles à Royou, à Gaulthier, pour
protéger la circulation de leur feuille ennemie de
la nation, pendant que vous assiégiez Marat ; encore étoit-ce les beaux jours du patriotisme dans
Paris, car alors il falloit de l'artillerie pour arrêter
un simple journaliste ; et depuis, un juge de
paix a été assez hardi conspirateur pour décer-
ner des mandats d'arrêt contre trois députés, et

il n'a pas été précipité sur le champ de la roche
tarpéienne pour cet attentat contre la personne
sacrée des tribuns du peuple ! Vos juges de paix
n'ont cessé de traîner en prison les meilleurs
citoyens. Vous avez protégé tous les députés
conspirateurs, depuis Maury jusqu'à Jouneau.
C'est vous, lâches Parisiens, qui, pendant
quatre ans, avez souffert que le temple de la
liberté fût profané par quatre cens esclaves ré-
voltés contre elle, que le sénat du peuple françois fût souillé par quatre cens sénateurs autrichiens. Si vous n'avez pu empêcher le peuple de
prendre la Bastille, vous avez osé l'empêcher de
prendre Vincennes; vous avez chargé de fers les
mains généreuses et patriotiques qui le démolis-
soient. C'est vous seuls, dans tout l'empire, qui
avez osé assassiner au Champ-de-Mars des citoyens paisibles qui usoient d'un droit constitutionnel, du droit sacré de pétition. Sans vous,
sans votre cheval blanc, votre état-major, vos
épauletiers, vos boutiquiers, votre loi martiale,
vos Feuillans, votre Sainte-Chapelle, vos spectacles, vos journaux, vos juges de paix, votre
tribunal du 6me arrondissement, votre ancienne
municipalité, votre directoire, il y a trois ans
que la liberté seroit affermie et que l'état seroit
florissant, calme, et le modèle de tous les gou-
vernemens. Jamais les rois de Hongrie et de
Prusse n'auroient approché de cette terre for-
tunée et libre; les tyrans auroient fuis devant la
face de la liberté, comme les brigands devant
la justice; c'est vous, c'est vous seuls qui, par
la contagion de votre exemple, ne vous êtes ap-
pliqués qu'à dépraver l'opinion, refroidir le patriotisme, assassiner la liberté par des poisons
lents, et ouvrir au despote d'Autriche le chemin

de Paris. Soyez esclaves , soyez Autrichiens si vous le voulez, nous mourrons François et libres. Nous voulons la concorde des amis et des frères ; vos rentiers veulent la tranquillité des esclaves. Eux seuls ont fait reculer la révolution et ont amené l'empire à cet état de bouleversement et de décomposition. Nous sommes las d'alimenter de nos tributs ces auxiliaires de l'Autriche ; nous n'avons pas trop de notre impôt pour défendre notre territoire, et nous nous séparons de la métropole libertiride. »

Ainsi, abandonné du nord, alors demembré par la coalition des despotes et du midi, demembré par la confédération des patriotes, que deviendra Paris, qui n'existe que par l'impôt, quand tous ces canaux qui lui apportoient le tribut des richesses méridionales, seront coupés avec le pont de la Loire ? Que deviendrez-vous, riches contre-révolutionnaires ? Votre douleur d'être ruinés ne sera pas même tempérée par le bonheur d'être Autrichiens, d'être esclaves. Il se levera du milieu de vous quatre ou cinq cens mille hommes qui, quand même l'armée ennemie se seroit avancée jusqu'à nos portes, la repousseront, l'extermineront malgré vous. Craignez alors que, dans la désorganisation générale, ce ne soit vous qui, par vos bévues politiques, n'ayez forcé les quatre-vingt-trois départemens à cet état de république et de confédération dont vous avez tant de peur et qui vous seroit si funeste. Craignez, dans Paris abandonné de la nation, la solitude de Versailles abandonné de la cour. Craignez, orgueilleux propriétaires, aristocrates boutiquiers, que tous ces citoyens passifs, dont vous n'avez pas même fait un tiers-état, dont la révolution a ainsi empiré le sort,

loin de l'améliorer, et qui vous auront alors
affranchis des Autrichiens, avec le fardeau de la
guerre, ne vous imposent le fardeau, pour vous
insupportable, de l'égalité des droits. Craignez
une égalité encore plus effrayante, une égalité de
misère. L'isolement, la dépopulation, la banqueroute, et, ce qui seroit pour vous le dernier des
malheurs, la république de Paris, tels sont,
riches aveugles, les maux auxquels vous n'avez
pas encore un mois à chercher le remède. Si vous
voulez les éviter, je vais vous indiquer ce remède.
Puissent mes concitoyens croire enfin à mes discours dans cette tribune, plus qu'ils n'ont fait à
mes écrits, dont les prédictions n'ont toujours
été que trop véritables !

Vous voyez que les ennemis vont entrer ou
entrent en ce moment le fer et la flamme à la
main ; que l'assemblée nationale, après tant de
sermens de maintenir la constitution, ne peut
accepter d'autres articles de capitulation que les
articles de la constitution, sans se déshonorer en
pure perte ; car, les deux tiers de l'armée, les
sans-culottes, les femmes, les enfans, sauroient
bien la maintenir malgré l'assemblée, et chasser
des représentans indignes, aux termes même de
la constitution, dont le dépôt et l'inviolabilité
est confiée à la garde de la nation entière. Vous,
voyez donc que toute capitulation est impossible,
que quand l'assemblée nationale l'accepteroit,
quand tous les ci-devant nobles, les riches, les
feuillans, quand tous les directoires et le conseil général de la commune l'accepteroient, vous
n'auriez fait que faire de Paris une proie immense
entre les Autrichiens et les François ; puisque
500,000 hommes se leveroient dans cette seule
capitale, qui défendroient le territoire de la cons-

titution , et qui , ne pouvant faire la guerre avec vos bras , la feroient avec vos biens , avec vos hôtels , avec vos richesses ; et je n'appelle point la foudre sur mon toît. Moi aussi j'ai des propriétés ; je ne m'écrie point que Paris périsse ; mais je le dis avec trop de certitude : Paris périra plutôt que la liberté : et c'est ici qu'il faut vous dire la vérité toute entière. Quand même les trois cens mille Jacobins de la capitale , quand même nos cinq millions de fédérés patriotes seroient exterminés , ne craignez-vous pas qu'il s'en échappe toujours assez pour réduire Paris en cendres comme Sagonte , plutot que de le rendre aux Autrichiens et au despotisme ?

Que vous reste-t-il donc à faire , ô riches aveugles ? Ce qu'il faut faut faire ? Puisque vous ne pouvez transiger sans nous avec l'ennemi , il faut le vaincre avec nous. Votre intérêt majeur , votre intérêt unique , c'est que Paris reste la capitale , c'est que la France soit indivisible , c'est d'éviter que vous supportiez seuls les frais d'une guerre , dont le poids sera léger , partagé avec les 83 départemens. Oui , ma patrie peut encore redevenir florissante. Paris peut encore éclipser Londres , et être la reine des cités , et l'entrepôt des lumières , des lois et de la sagesse humaine , que les peuples viendront y puiser. Il ne tient qu'à vous , messieurs , d'y faire refleurir avec la liberté , les arts , le commerce , et affluer les nations. Mais le danger est imminent. Vingt millions de François , déterminés à vivre libres ou mourir , se lassent de l'aveuglement des Parisiens , qui compromet la sureté de la patrie et la liberté du monde. Quelle trahison vous fera tomber les écailles des yeux , si ce n'est pas l'infâme action du général Jarry, incendiant Courtray, pour rendre la nation exécrable à ses alliés les Belges? Quand courrez-vous aux armes? Quand renverserez-vous ce buste qui choque les yeux, et souille la maison commune, si ce n'est pas lorsque Luckner vous déclare que ce Catilina a voulu marcher contre Paris avec son armée?

Vous voyez que le pouvoir exécutif vous trahit. Ce qu'il faut faire? Ce qu'a fait le parlement d'Angleterre, quand il a vu que le pouvoir exécutif le trahissoit.

Lorsqu'en 1643, les Anglois, voyant bien que s'ils n'opposoient enfin une digue, leurs libertés alloient être submergées par l'action continue du pouvoir exécutif et de la liste civile, Londres se leva toute entière et prit les armes. Charles premier étant aussi, par la constitution, le chef suprême de l'armée, leur parlement se trouva dans la même position qu'aujourd'hui notre assemblée nationale. Il étoit incontestable que, par la grande charte, au roi appartenoit le droit de nommer les généraux. Celui-ci s'appuyoit de la constitution, et usant du droit constitutionnel, empoisonnoit l'armée d'officiers les plus ennemis du peuple. Cela fit, pendant deux mois, des débats infinis dans les deux chambres; mais enfin le maire, le conseil de la commune de la ville de Londres, firent une adresse au parlement, où ils soutenoient, comme la chambre des communes, que le salut du peuple étoit la suprême loi; que par les lois, le roi étoit bien revêtu du pouvoir de régler la milice; mais que s'il y avoit des soupçons bien fondés que le roi voulût se servir des milices contre la liberté, c'étoit au parlement à sauver le peuple; et les apprentifs de Londres appuyèrent si bien l'adresse,

que

que le bill passa ; en conséquence, les communes firent indirectement ce qu'elles ne pouvoient
faire directement par la constitution. La constitution autorisoit le roi à nommer les commandans, et il avoit nommé le chevalier Penning-
ton, amiral. Les communes écrivirent au roi
qu'elles ne pouvoient prendre aucune confiance
dans cet officier, et la flotte appuya ce vote si
efficacement, que le roit fut obligé de nommer
le comte de Warvick. Le roi avoit nommé le
colonel Lunsford, lieutenant de la cour. Les
communes ne pouvoient s'y opposer ; mais elles
votèrent que Lunsford n'étoit pas propre à cet
emploi. Et autant le roi, usant de son droit
constitutionnel, nommoit d'officiers ou de ministres, autant le parlement en rejettoit, usant
aussi de son droit constitutionnel, et répondant
aux messages du roi, que ceux qu'il avoit nom-
més n'avoient point la confiance de la nation.

De même, Charles premier, en sa qualité de
chef suprême de l'armée, voulant se réserver un
corps de troupes au besoin, avoit prété au roi
de France l'armée d'Irlande. Cela étoit autorisé
par la constitution. Les deux chambres ne pouvoient s'y opposer. Mais que firent elles ? Elles
publièrent une déclaration, que quiconque ser-
viroit à transporter les troupes irlandoises dans
un pays étranger, seroit regardé comme ennemi
de l'état, et dès lors le roi ne put trouver un
seul maître de navire qui voulût s'exposer à être
envoyé à la haute-cour-nationale, comme crimi-
nel de lèze-nation, pour avoir transporté les
troupes. C'est ainsi que le parlement rompit
toutes les mesures du despotisme, en trouvant
toujours dans la constitution des moyens indi-
rects de défendre la constitution. Et c'est ainsi

B.

que l'assemblée nationale, si elle le vouloit, sauroit manier la constitution pour la liberté aussi habilement que le pouvoir exécutif sait la manier contre elle.

C'est ainsi encore que le parlement anglois de 1686, voyant bien que tout le mal venoit de la liste civile, et que cette liste civile même n'eût pu suffire à corrompre tous les jurés et tant de pouvoirs constitués, si le roi n'eût fait des emprunts, vota que quiconque prêteroit ou feroit prêter de l'argent au roi, quiconque acheteroit des bois ou domaines du roi, seroit réputé ennemi de l'état, et envoyé à la tour.

C'est ainsi que tout ce qui n'est point défendu par la loi, étant permis par la loi, il seroit bien facile à l'assemblée nationale, si elle le vouloit, de sauver la constitution. Et si elle ne le veut pas, c'est à nous à le faire.

Ainsi la constitution ne défend pas de déclarer les troupes de ligne gardes nationales, et cette mesure seule empêcheroit la division que l'ennemi veut jetter dans l'armée, en ne faisant feu que sur les gardes nationales, et en donnant, comme vient de faire le duc de Brunswick, l'habit de garde nationale aux bourreaux de l'armée prussienne. Et qu'on ne dise pas que c'est s'y prendre trop tard, lorsque l'ennemi est en face. C'est en présence de l'ennemi, c'est la veille ou le lendemain des batailles que le soldat feroit d'excellens choix. C'est toujours dans les dangers qu'on a nommé les Miltiade, et les plus dignes chefs; d'ailleurs, rien n'empêcheroit d'ajourner les nominations après la bataille. Les anciens officiers commanderoient provisoirement. Mais quel puissant moyen d'émulation, quel aiguillon aux uns pour ne pas descendre,

aux autres., pour mériter de monter ! comme
l'armée seroit ravie d'être investie de ce droit
d'hommes libres, de soldats citoyens, de nommer leurs centurions ! comme elle se seroit purgée
en 8 jours de tous ses aristocrates !

Lorsque le roi emprunte de tous côtés des
sommes énormes pour supplément de sa liste
civile, insuffisante pour acheter tant de pouvoirs
constitués, et entretenir Coblentz depuis quatre
ans, la constitution ne défend pas à l'assemblée.
nationale, à l'exemple du parlement d'Angleterre,
en 1686, de déclarer ennemi de la liberté quiconque prêtera de l'argent au roi.

Ainsi la constitution ne défendoit pas à l'assemblée nationale, au lieu de donner des passe-
ports à tous ceux qui veulent sortir de France,
de déclarer, à l'exemple des Anglois, ennemis
de la patrie les conducteurs des navires et des
voitures qui serviroient à les transporter, eux
ou leurs effets. Ainsi la constitution ne lui défend pas, à l'exemple de la Suisse, dans le danger de la patrie, de rappeler tous les membres
du corps politique à la défense de l'état, et de
déclarer tous leurs biens saisis et confisqués au
trésor public, par le seul fait de leur absence
et de leur refus d'un service personnel.

Ainsi la constitution, qui n'a rien statué sur
la démence du roi, n'a pas prétendu que le pouvoir exécutif, malade d'esprit, continuât de tenir
les rênes. Elle ne défend pas de les lui retirer.
Or, il est facile de prouver la démence du roi
de la constitution, par mille faits. Je ne voudrois
qu'un seul fait pour l'établir. Par exemple, tout
le monde conviendra qu il faut qu'un général
soit en démence ou traître, pour soulever ses
alliés contre son armée, en brûlant leurs villes.

Or, le roi des François a souffert que le général Jarry rendît les François exécrables aux Belges, en brûlant Courtray, et en faisant à cette ville alliée et amie tout le mal qu'elle auroit pu souffrir de ses plus cruels ennemis. Y a-t-il démence ou trahison plus palpable ? Louis XVI doit être, si c'est démence, suspendu; si c'est trahison, déchu. Je pourrois citer mille traits pareils. Y a-t-il démence plus manifeste que d'être le roi de la constitution, et d'avoir nommé tant d'officiers et de généraux qui ont passé et qui passent tous les jours dans le camp des ennemis de la constitution? Y a-t-il démence plus manifeste que d'être le roi de la constitution et de renvoyer des ministres qui faisoient marcher la constitution ? Qu'est-ce aujourd'hui que la nomination au ministère dans les mains du roi, sinon, pour me servir de l'expression de M. Manuel, une distribution de prix d'aristocratie ? Y a-t-il une démence plus manifeste que de renvoyer un ministre pour avoir proposé un camp de vingt mille hommes à Soissons, et le lendemain de venir proposer soi-même un camp de trente-trois mille hommes à Soissons ?

Le comte de Sha'sbury disoit très-bien au parlement : « L'esclavage et le papisme sont deux frères qui se tiennent toujours par la main; quelquefois l'un entre dans un pays le premier, quelquefois l'autre, mais toujours ensemble. En Angleterre, les Stuart ont voulu faire entrer le papisme le premier, pour préparer la voie au despotisme ; en Ecosse, ils ont commencé à introduire le despotisme pour ouvrir la voie au papisme. » Aussi tous les manifestes, tous les journaux possibles des contre-révolutionnaires, des émigrés et des Prussiens, ne parlent que de remettre la France par la force sous les deux jougs politique et religieux. Et lorsque ce sont les prêtres réfractaires qui , dans les départemens , à côté du grain de la philosophie et de la liberté , sèment l'ivraie du papisme, de la servitude et de la bêtise ; lorsque ce sont ceux qui arrêtent le plus les progrès de la constitution , y a-t-il plus grande démence dans le roi de la constitution que d'avoir mis son *veto* sur le décret de la déportation des prêtres? Rappelez-vous , messieurs, le fameux bill du parlement pensionnaire , du parlement de 1665 , qui fut appelé l'*acte des cinq mille* , contre les prêtres patriotes ou presbytériens. Comme c'étoit le presbytéranisme qui avoit fait la révolution , et que les neuf dixièmes de l'Ecosse , les trois cinquièmes de l'Angleterre étoient presbytériens , il fut dit qu'aucun ministre ou prédicateur presbytérien ne pourroit ni demeurer ni même aller , excepté sur le grand chemin , *à cinq mille de distance* d'aucun lieu où il auroit été ministre , s'il n'abjuroit ses dogmes politiques et religieux. La rigueur fut bien plus grande en Ecosse , où il fut enjoint, par une proclamation, à aucun ministre presbytérien , à peine d'être traité comme séditieux , de s'éloigner avec leurs familles des lieux où ils avoient été ministres , et de n'en pas résider plus près que de vingt mille. C'est par cette déportation que Charles II et le parlement affermirent la contre-révolution. Et lorsque l'assemblée nationale a voulu affermir la constitution par une mesure bien moins rigoureuse, et que le roi de la constitution y a mis son *veto*, il a montré à tout le monde une aliénation totale des facultés intellectuelles , un esprit au rebours , dans le sens de la constitution ; et le conseil commun de la ville de Paris se doit de demander à l'assemblée , qu'il soit suspendu comme insensé , ou déchu comme traître.

La constitution n'a pas défendu cette inter-diction du roi Lear ; et si elle l'avoit défendue , ce seroient les constituans dont il faudroit déclarer la démence. Or , dans cette suspension du pouvoir exécutif , comme il importe sur-tout à la ville de Paris de conserver la monarchie , l'unité des 83 départemens ; pour conserver cette indivisibilité du corps politique , je pense que le conseil com-mun , dans son adresse à l'assemblée nationale , doit demander qu'il soit nommé deux curateurs à la monarchie , qui , pendant l'interrègne , pour cause de démence , et jusqu'à ce que Louis XVI soit revenu à son bon sens , soient véritablement ce qu'on a prétendu qu'étoit Louis XVI , le tribun du peuple , exerçant le *veto* sur le sénat. Je pré-fèrerois cette mesure à celle de faire élire par les départemens 83 membres du pouvoir exécutif , qui formeroient le conseil d'état , parce qu'il seroit à craindre qu'ils ne fussent aussi mal choisis que les 83 grands jurés , que ce ne fût 83 roitelets , et on sait qu'il n'y a point de plus grande tyrannie que celle des petits tyrans ; au lieu que si les 83 départemens n'ont à nommer que deux curateurs amovibles *ad nutum* , il me semble que le choix esr déjà fait dans l'opinion , et que les quatre années que nous venons de traverser ont assez dé-signé les deux hommes qui méritent le plus notre confiance , provisoirement , et pendant la tenue d'une convention nationale.

Je ne sais quel seroit le plus grand malheur pour la cause de la liberté et des patriotes , ou que l'aristocratie et Coblentz fissent assassiner le roi , ou qu'il nous échappât par la fuite. Si on l'assassinoit, je vous l'ai dit, le meurtrier seroit tué aussitôt comme Clément, et on ne manqueroit pas de lui trouver dans sa poche une carte de Jacobin, qui y auroit été glissée pour nous charger de l'exécration d'un crime en pure perte ; car le roi ne meurt point en France. S'il partoit, c'est tout ce que souhaite Coblentz, ce que le congrès de Mayence attend. Je pense que nous ne pouvons trop veiller sur les jours de Louis XVI, et qu'il faut le conserver au milieu de nous comme la prunelle de notre œil. Ce n'est pas que je n'aie toujours pesé les rois dans la balance de M. Manuel. Mais il n'est pas ici question de la pesanteur spécifique et intrinsèque d'un roi. C'est dans les balances des rois de Prusse et de Hongrie que je pèse Louis XVI. Souvenons - nous de la valeur idéale des rois dans la pensée des esclaves, et quelle rançon a racheté Louis IX, le roi Jean et François Ier ; imitez le conseil commun de la ville de Londres, qui, dès qu'il eut reconnu que Charles Ier avoit des intelligences avec les papistes d'Irlande, qu'il levoit secrètement des troupes contre le parlement, dès qu'il fut devenu justement suspect de machiner le renversement de la constitution, s'empara de la personne du prince de Galles, des ducs d'Yorck et de Glocester, et eut retenu également la reine, si elle ne se fût sauvée en France. Oui, M. le maire, si vous montrez, dans la gravité des circonstances, la vigilance et la fermeté du maire de Londres, Thomas Andreuws ; si vous veillez sur la personne du roi et de sa famille ; si vous le conservez au milieu de nous, par cela seul vous sauvez la capitale et l'empire ; vous vous sauvez vous-même et nous tous ; car dans la balance des despotes, un roi pèse plus lui seul que vingt-cinq millions de citoyens. Il faut donc que l'assemblée nationale, après avoir prononcé l'interdiction du roi, pour cause de démence, déclare qu'elle le retient, lui et sa famille, pour ôtages du salut de la France.

Ce qu'il faut faire encore? Quelqu'un a dit que si les rois se faisoient la guerre, c'est qu'ils ne buvoient jamais ensemble. Et moi je dis : si on ose nous attaquer, c'est qu'il n'y a qu'orgueil, égoïsme et dureté de cœur parmi nous ; c'est que le bourgeois méprise l'artisan, autant que le noble méprisoit le bourgeois ; c'est que l'égalité des droits n'est que dans la constitution, et non point dans l'opinion ; c'est que nous, citoyens actifs, nous nous tenons à une distance plus grande de nos frères indigens, que les Romains ne faisoient de leurs esclaves ; car ces sénateurs de Rome, si orgueilleux, qui méconnoissoient les droits de l'homme et qui avoient des esclaves, eh bien ! il y avoit huit jours dans l'année où ils faisoient asseoir leurs esclaves à table à côté d'eux, où ils changeoient d'habit avec eux, où ils payoient les dettes et les loyers des pauvres. Dans cette Rome, la ville de l'aristocratie par excellence, il y avoit au moins huit jours rendus à l'égalité et à l'âge d'or. Et nous, dédaigneux bourgeois, il semble que cette aristocratie, cette inégalité que nous avons bannie de nos loix, se soient réfugiées toutes entières dans nos cœurs. Je le répète, si on ose nous attaquer, c'est que nous ne buvons pas ensemble. Eh bien ! faisons, pour affermir la liberté, ce que César, ce que Crassus ont fait pour établir le despotisme. Nous ne pouvons pas traiter le peuple françois comme César, qui traita le peuple romain en vingt-deux mille tables, ou comme Crassus, qui fit un festin au peuple romain, et donna ensuite à chaque citoyen autant de bléd qu'il en pouvoit manger pendant trois mois. Il semble qu'il n'y ait de patriótisme et de vertu que dans la pauvreté, du moins dans une fortune médiocre. Mais dressons des tables devant nos portes, s'il est vrai que nous croyons à l'égalité; traitons du moins un jour nos égaux comme les Romains traitoient leurs esclaves pendant une semaine entière; célébrons notre délivrance du despotisme et de l'aristocratie, comme les Juifs célebroient leur délivrance des Pharaon; mangeons aussi tous ensemble, devant nos portes, le gigot national, ainsi qu'ils mangeoient leur gigot paschal. Viens, respectable artisan, que tes mains, durcies par le travail, ne méprisent pas la mienne, qui n'est fatiguée que d'une plume; viens, buvons tous ensemble; embrassons-nous, et les ennemis seront vaincus.

Ce que je propose encore, c'est également l'histoire romaine qui me le fournit. Ceux que nous avons appelés citoyens passifs valent bien les esclaves de Rome. Eh bien! dans les dangers de la patrie, comme dans la guerre punique, dans la guerre de Marius et de Sylla, Rome donnoit le droit de cité aux esclaves. L'assemblée nationale a déclaré aussi la patrie en danger; qu'elle donne aussi le droit de cité aux citoyens passifs; qu'elle affranchisse les pauvres de tout impôt, comme dans la guerre des Tarquins, sans leur ôter la qualité de citoyen; qu'elle déclare anssi que les pauvres paient assez à l'état par l'impôt de leur sang dans les batailles, et voilà tout d'un coup dix millions de bras gagnés à la patrie. Qu'on me dise en effet quelle différence il y a entre nous, qui nous appelons patriotes, et les nobles que nous appelons aristocrates, qui ne soit toute à l'avantage des nobles; si de même qu'ils ne vouloient qu'établir une chambre haute, que reléguer tout le tiers-état dans la chambre des communes; nous, jadis tiers-état, contens d'être citoyens actifs, non-seulement nous nous constituons aussi en chambre haute à l'égard de cette portion du tiers état que nous avons appelés citoyens passifs, mais nous ne leur donnons pas même une chambre des communes, et nous prétendons les dépouiller de toute part au gouvernement. A Athènes, les pauvres ne payoient point pour être citoyens et pour aller à la section, mais au contraire ils étoient payés; on donnoit trois oboles à chaque citoyen qui alloit au *Pnyce*, à l'assemblée du peuple. Il suffit d'indiquer ce point de l'histoire; on est assailli d'un volume de réflexions. Montesquieu, que les aristocrates s'efforcent de mettre de leur bord, se récrioit d'admiration sur cette loi d'Athènes.

Pourquoi jusqu'ici toutes les révolutions ont-elles fini par remettre les peuples sous un joug plus pesant que l'ancien? C'est que, dans les révolutions, tous les patriotes, tous les hommes courageux et qui ont de l'ame, tous les Jacobins volent à la défense de la liberté et périssent dans les combats, pendant que tous les lâches, tous les Feuillans, tous les égoïstes, tout ce qu'il y a de pourri se cache; ensorte que lorsque le tyran a triomphé par sa liste civile et ses trahisons, il n'a plus affaire qu'à la lie de la nation. Que faut-il faire pour empêcher que cette guerre ne tire au corps politique le meilleur sang et qu'il ne lui reste que du sang impur? Il faut se garder de faire des enrôlemens comme hier. Nous sommes tous gardes nationales; il faut décréter que le quart des gardes nationales ira aux frontières, et que, pour cet effet, dans toutes les municipalités, il sera trié un quart de la garde nationale par la voie du sort. Par ce moyen, vous conserverez de la graine de Jacobins, comme le roi de Prusse veut conserver si précieusement de la graine d'aristocratie, en ne mettant les nobles et les émigrés qu'en troisième ligne, en les laissant à Coblentz et dans l'intérieur; par ce moyen, les Feuillans partageront, avec les Jacobins, les dangers de la patrie, et le feu tyrolien tombera sur eux comme sur nous.

Et vous, ô Feuillans, aveugles transfuges des Jacobins! Sans parler de notre histoire de France et des ressentimens toujours implacables de nos despotes, qui firent couler tant de sang à Montpellier, à Bordeaux, à Paris, pour châtier des insurrections éteintes; sans parler de tant d'exemples domestiques du peu de sincérité de la réconciliation de nos rois avec ceux qui avoient appelé les peuples à la liberté; sans parler des embrassemens de Charles IX. et de Coligny; dans une révolution plus récente et toute semblable, chez nos voisins, malgré la digue impuissante de l'amnistie la plus solemnelle, signée à Breda, puis jurée à Londres par Charles II, voyez la colère des rois pendant quarante années, de temps à autre rompre cette digue et se déborder par torrent sur les presbytériens, aussi bien que sur les indépendans, sur les Feuillans, aussi bien que sur les Jacobins.

Voyez tous les ministres presbytériens, les modérés d'alors, les Feuillans d'alors, mais qui avoient commencé la révolution de 1643, avec les Jacobins, être tous bannis, en Angleterre, à 5 milles, en Ecosse, à 20 milles de leur résidence.

Voyez, pendant quarante ans, tout l'or de la

liste civile , et la place de grand chancelier d'Angleterre , devenir la récompense des dénonciateurs
et des juges qui avoient l'exécrable talent de faire
périr , sur d'autres prétextes , les Feuillans et Jacobins , à qui Charles II et Jacques II avoient été
obligés de pardonner le crime de l'insurrection.

Quarante ans après l'insurrection , Algernon
Sydney est déclaré coupable de haute trahison ,
pour un manuscrit qu'on trouve chez lui , son ou-
vrage célébre , intitulé : *Discours sur le Gouvernement*. Ce manuscrit n'étoit point écrit de sa
main ; il ne l'avoit point publié ; il étoit écrit an-
térieurement à l'amnistie. N'importe , le chancelier *Finch* dit , qu'*écrire*, *c'étoit agir*, *scribere
est agere* ; que c'étoit ce que les Anglois appe-
loient *owert act*, c'est-à-dire , démarche pour exé-
cuter un dessein , et Sydney fut décapité.

Un certain lord Howard , perdu de dettes , imagina , pour s'acquitter de ce qu'il avoit emprunté
à Sydney , au lord Russel et à M. Hamden, comme
ils le lui reprochèrent à la confrontation ; il imagina , pour payer ses dettes en les faisant périr,
et gagner encore de l'argent de la liste civile , de
dénoncer M. Hamden et le lord Russel , les deux
hommes les plus vertueux de l'Angleterre , pour
des paroles dites par eux en sa présence. En vain
ils furent défendus par tout ce qu'il y avoit de
personnages illustres en Angleterre ; aux éloges
touchans du caractère, de la modération , de la
vertu , de la piété du lord Russel et de M. Hamden , Jeffreys , commissaire du roi , répondit par
un long discours, où il concluoit *que la prétendue
religion , la prétendue vertu , et même la prétendue modération,* le feuillantisme, comme on voit,
*étoient une raison de plus pour les condamner,
parce que les apparences de modération et l'es-*

time de leurs vertus ne faisoient que les rendre plus populaires et plus redoutables à sa très-gracieuse majesté. »

Le lord'Lisle, un des juges de Charles premier, avoit échappé à la vengeance des Stuart. 3o ans après, sa veuve, âgée de 80 ans, est condamnée à être étranglée, sous prétexte qu'elle avoit reçu dans sa maison un partisan du duc de Montmouth. Trois fois les jurés la déclarèrent non-coupable; mais Jeffreys les 'fit revenir aux opinions une quatrième fois, jusqu'à ce qu'ils l'eussent condamnée.

Il ne servit de rien à Richard Baxter, ministre presbytérien, qui avoit refusé l'évéché de Herefort, et fameux écrivain révolutionnaire, de s'être fait Feuillant. Jeffreys, le directeur du juré, se souvient de ses prônes et lui dit, à l'occasion de je ne sais quel procès qu'on lui avoit suscité : « Cet homme paroît maintenant fort modeste ; mais il y a eu un temps où personne n'étoit plus prêt que lui à crier : *à vos tentes, ô Israël ! liez vos rois et mettez vos nobles dans des ceps de fer.* Richard, tu es un vieux homme et un vieux coquin ; ç'auroit été un grand bonheur que tu eusses été bien fouetté il y a quarante ans. Tu as écrit assez de sermons pour en charger un charriot, et chacun de ces sermons est plein comme un œuf d'impiété pour la personne sacrée du roi. « Allons, MM. les jurés, faites votre devoir. » Et Baxter est condamné à être pendu.

Un autre membre du club des Feuillans, une femme, Elizabeth Gaunt, procure un asyle à un Jacobin. Ce scélérat, sachant que le roi Jacques II pardonnoit plutôt à des rebelles qu'aux modérés qui leur avoient donné asyle, va dénoncer la bienfaitrice qui lui avoit ouvert sa maison, et elle est pendue.

La ville de Taunton avoit ouvert ses portes à l'armée des insurgens ; le prévôt Kirch, digne assistant de Jeffreys, descend à l'auberge, fait pendre, pendant son repas, au bruit des fifres, des haut-bois et des tambours, trente des habitans, savoir, dix en buvant à la santé du roi, dix en buvant à la santé de la reine, et dix en buvant à la santé de Jeffreys. Une jeune fille étant venue se jeter à ses pieds pour obtenir la grace de son pére, il la lui promet si elle se prostitue à lui ; puis après avoir assouvi sa brutalité, il a la cruauté de la mener à la fenétre, où il lui montre son père qu'il venoit de faire pendre à l'enseigne même de l'auberge et d'où cette fille se précipite de désespoir.

Le barbare Jeffreys se vanta dans cette tournée de 1685, d'avoir fait pendre plus de gens lui seul que tous les juges d'Angleterre ensemble, depuis Guillaume le conquérant. Jacques II, ce roi dévôt et honnête homme, appeloit cela la campagne de Jeffreys : aussi au retour de cette expédition, où ce juge l'avoit délivré de tant de Feuillans et de Jacobins, le fit-il grand-chancelier.

En un mot, le despotisme ne fut satisfait que lorsqu'il eut tiré des veines des Anglois tout le sang révolutionnaire, sans distinction des Feuillans et des Jacobins. Les badauds de Londres, lassés à la fin de tant d'exécutions de Jeffreys, avoient nommé un grand juré patriote, et qui, à toutes les accusations intentées, sur de misérables prétextes, contre les citoyens qui avoient eu part aux insurrections, répondoit toujours *ignoramus*. La cour appeloit, par dérision, ce grand juré, le *juré ignoramus*, comme nous pourrions appeler le grand juré d'Orléans, dans un autre sens, le *juré ignoramus*. Mais il y a cette différence, que nos traîtres, acquittés par le juré d'Orléans, échappent au châtiment de la loi, au lieu que ceux qui étoient acquittés par le grand juré de Londres, n'échappoient point à la vengeance royale. Le menuisier Colledge, qui avoit été un des plus chauds patriotes, et qu'on appeloit le *menuisier protestant*, comme on appelera bientôt, en France, tous les patriotes, des calvinistes, fut inutilement renvoyé d'accusation par le juré; en vain Londres fut illuminé en signe de joie de l'absolution du menuisier et de l'alderman Cornish; le despotisme ne relâche pas si aisément sa proie. Le ministre de la justice, l'abominable Jeffreys, ne manquoit pas de faire naître des incidens, de trouver des vices de forme : on évoquoit la procédure, on traduisoit les accusés devant le juré d'Oxford, ou d'autres aussi complaisans, à qui la cour enjoignoit de les trouver coupables de complots imaginaires, et le procès se terminoit toujours par être pendu et coupé en quartiers. Voilà la justice, voilà l'amnistie, voilà la réconciliation des rois avec les Jacobins et avec les Feuillans.

Et vous, ô riches, insensés de croire que les Prussiens vont défendre vos propriétés! vous ne vous souvenez donc plus de ce que ces mêmes Prussiens, sous le même duc de Brunswick, le général des contre-révolutions, ont fait il y a si peu de temps dans la contre-révolution de Hollande. Vous ne vous souvenez donc plus qu'à Amsterdam ils entroient dans toutes les maisons, dans tous les magasins, pilloient tout ce qui leur convenoit, et ce qu'ils ne pouvoient emporter, ils le jettoient dans la rivière. Il n'y a point de voleurs de grand chemin aussi avides de pillage que ces hulans, ces Tyroliens, ces chasseurs d'Eben, que vous invitez à venir défendre le quai des orfèvres. Ignorez-vous que les généraux de l'armée des despotes n'arrêtent la désertion dans leurs troupes qu'en promettant à ces pirates, à pied et à cheval, le pillage de Paris, et le butin de vos boutiques? Il est vrai qu'ils ne promettent que le pillage des boutiques des patriotes. Mais outre que les boutiquiers ne sont pas en assez grand nombre aux Jacobins pour assouvir la soif de l'or de tant de bandes, ignorez-vous que, dans un pillage, les plus riches sont les ennemis, et les plus belles boutiques seront les boutiques des Jacobins? C'est le 4 août que cette armée de brigands fond sur le territoire de France, et vous demandez le 24 juillet ce qu'il faut faire! Il ne vous reste qu'à vous réunir à nous, pour terminer le plus promptement, et dans sa naissance, une guerre qui, plus elle se prolongera, plus elle sera ruineuse et féconde en calamités pour Paris. Il ne vous reste à faire que ce que fit Carthage dans la troisième guerre punique. Après s'être laissée endormir par les Feuillans Carthaginois, et par les perfidies du sénat de Rome, Carthage voit tout à coup arriver à ses portes les légions qui viennent raser ses fondemens. En trois jours, Carthage, démantelée, sans armes, sans munitions, sans remparts, a relevé ses murs et armé 300 mille citoyens. Tout ce qu'il y avoit de bras est employé à fabriquer des piques, des javelots, des machines de guerre; les femmes, dit Rollin, coupoient leur chevelure pour faire des cordages, et en trois jours, Carthage fut armée pour soutenir un siége de trois ans. Pour moi, je ne reviens point de ma surprise sur l'aveuglement inconcevable des Parisiens, et je ne conçois pas

comment

comment aujourd'hui on entend autre chose dans les rues que le bruit des marteaux qui fabriquent des piques. Si l'assemblée nationale nous abandonne , c'est à vous , M. le maire, à nous sauver , à donner l'exemple aux autres municipalités. C'est dans l'artillerie que le génie françois surpasse toutes les autres nations; faites fondre en canons les statues des despotes : ce ne sera pas le moindre supplice de ces damnés , de combattre après leur mort pour la liberté , contre laquelle ils combattirent toute leur vie. C'est à l'arme blanche que l'impétuosité françoise renverse tout ; faites fabriquer des piques plus longues que les bayonnettes autrichiennes ; des piques et des canons , des canons et des piques ! Approvisionnez Paris de munitions ; qu'on veille sur les magasins d'Essonne. Mais à ce silence , à ce sang-froid , à cette tranquillité des Parisiens, je me demande avec effroi , si Paris est Autrichien. S'il étoit ainsi , qu'on sache que, dans cette ville autrichienne, il y a encore 300 mille François; qu'on sache que, plutôt que de rendre vivante aux impériaux , lorsqu'elle a été libre , cette capitale , dont ils n'ont jamais approché lorsqu'elle étoit esclave , nous ne rendrons aux aristocrates et aux tyrans qu'un monceau de cendres et la place où furent leurs hôtels.

Je conclus à ce que le conseil général de la commune rédige une adresse à l'assemblée nationale, pour qu'elle prenne en considération les mesures du salut public que j'ai indiquées ; ou , si l'assemblée nationale croit ne pouvoir sauver la constitution , pour qu'elle déclare, aux termes même de la constitution , et comme chez les Romains, qu'elle en remet le dépôt à chacun des citoyens , individuellement et collectivement, par le décret *ut quisque republicæ consulat*. Aussitôt on sonne le tocsin, toute la nat on s'assemble; chacun, comme à Rome, est investi du droit de punir de mort les conspirateurs reconnus; et, pour l'affermissement de la liberté et le salut de la patrie, un seul jour d'anarchie fera plus que quatre ans d'assemblée nationale.

La société, dans sa séance du 25 juillet 1792, l'an 4 de la liberté, a arrêté l'impression de ce discours, la distribution aux membres de l'assemblée nationale, à ceux des corps constitués, aux 48 sections, à toutes les sociétés affiliées, aux tribunes et à ses membres.

ANTHOINE, *président* ; DESUTIERES ; FORCEL ; GIREY DUPRÉ ; CHEPY ; CHENIER, *secrétaires*.

De l'Imprimerie du PATRIOTE FRANÇOIS, place du Théâtre Italien.

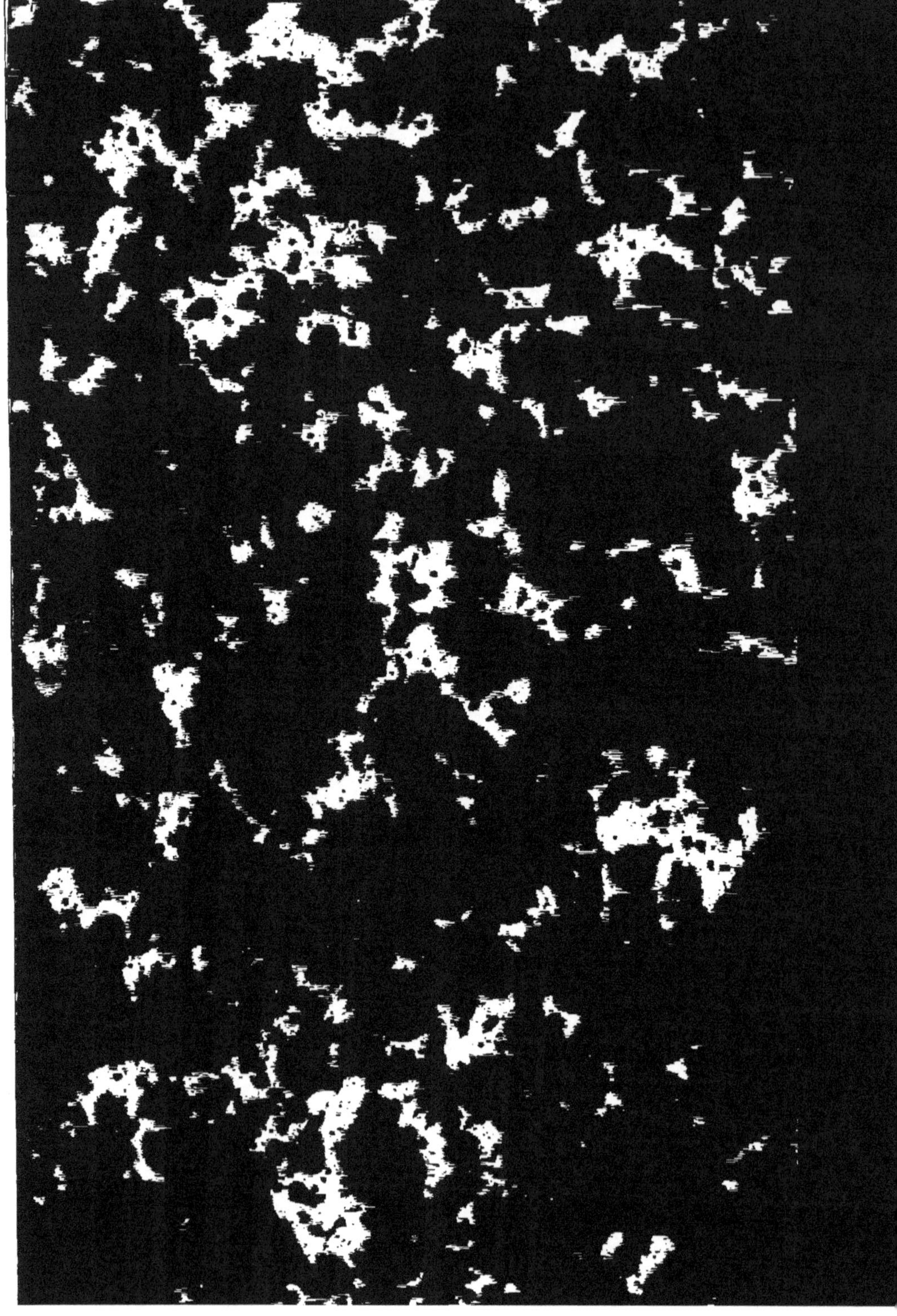